# EXPLICANDO
# La Trinidad

**DAVID PAWSON**

ANCHOR RECORDINGS

Copyright ©2018 David Pawson

EXPLICANDO
La Trinidad

EXPLAINING
The Trinity

El derecho de David Pawson a ser identificado como el autor de esta obra ha sido afirmado por él de acuerdo con la
Ley de Copyright, Diseños y Patentes de 1988.

Traducido por Alejandro Field

Esta traducción internacional español se publica por primera vez
en Gran Bretaña en 2018 por
Anchor Recordings Ltd
DPTT, Synegis House, 21 Crockhamwell Road,
Woodley, Reading RG5 3LE

Ninguna parte de esta publicación podrá ser reproducida o transmitida de ninguna forma o por ningún medio, electrónico o mecánico, incluyendo fotocopia, grabación o ningún sistema de almacenamiento o recuperación de información, sin el permiso previo por escrito del editor.

**Si desea más de las enseñanzas de David Pawson,
incluyendo DVD y CD, vaya a
www.davidpawson.com**

**PARA DESCARGAS GRATUITAS
www.davidpawson.org**

Si desea más información, envíe un e-mail a
info@davidpawsonministry.com

**ISBN 978-1-911173-32-8**

## *Índice*

*Capítulo Uno*   La dinámica                 7

*Capítulo Dos*   La doctrina                25

Este libro está basado en una charla. Al tener su origen en la palabra hablada, muchos lectores encontrarán que su estilo es algo diferente de mi estilo habitual de escritura. Se espera que esto no afecte la sustancia de la enseñanza bíblica que se encuentra aquí.

Como siempre, pido al lector que compare todo lo que digo o escribo con lo que está escrito en la Biblia y, si encuentra en cualquier punto un conflicto, que siempre confíe en la clara enseñanza de las escrituras.

**David Pawson**

## Capítulo Uno

## LA DINÁMICA

Probablemente la doctrina de la Trinidad esté siendo atacada hoy más que nunca. Le daré solo dos ejemplos. El islam se está oponiendo a la doctrina de la Trinidad y nos acusan de adorar a tres dioses. El hecho de que crean que es el Padre, el Hijo y la Virgen María es simplemente un error ingenuo. Pero critican duramente a los cristianos que, según ellos, creen en tres dioses. Otro grupo, aun en el nombre de Jesús, que se opone violentamente a la Trinidad son los Testigos de Jehová. He tenido su librito habitual sobre esto donde nos acusan de ser herejes por creer que Dios es tres en uno.

Podría seguir. El feminismo está atacando la doctrina tradicional de la Trinidad, al punto que tengo un libro en mis estantes llamado *The Battle for the Trinity* (La batalla por la Trinidad) de Donald Bloesch, uno de mis autores favoritos que, para mi asombro, se trata en gran parte del feminismo y la teología feminista, y lo que queda de la Trinidad una vez que han terminado con ella. Así que, de todos lados, la doctrina de la Trinidad está bajo ataque.

La dificultad es que la iglesia no está en condiciones de defenderla. Me he encontrado con muchos pastores y clérigos a los que no les gusta predicar el Domingo de Trinidad, que es el domingo después de Pentecostés. Espero hacerlo a usted más fuerte y más capaz de defender la Trinidad al leer esto, porque la única defensa real contra todos estos ataques es que los cristianos piensen claramente acerca de lo que creen y puedan hablar de ello y defender "la fe encomendada una vez por todas a los santos", que es lo que nos exhorta a hacer la Biblia.

En esta primera parte quiero hablar acerca de la Biblia y de cómo esta doctrina surgió de la Biblia tal como la tenemos. Pero, en la segunda parte, que exigirá un poco más su cerebro, quiero tratar los primeros siglos de la iglesia y cómo desarrollaron la doctrina. Algunos de nuestros críticos están ansiosos por señalar que la palabra "trinidad" no figura en la Biblia. Por lo general argumentan que fue inventada como una doctrina después de Jesús, probablemente en el siglo IV d.C. Por lo tanto, quiero empezar por la Biblia y mostrarle que este libro nuestro hace que el problema sea bastante agudo. Lo denomino problema para comenzar, pero espero que para el final de este capítulo usted se estará regocijando en la Trinidad y agradeciendo a Dios por ella, y no considerándola como algo incómodo para defender, una especie de Alicia en el país de las maravillas que cree seis cosas imposibles antes del desayuno.

La Trinidad no se nos da para discutir sobre ella, pero quiero defenderla. Comencemos por el Antiguo Testamento, que es tres cuartas partes de la Biblia, y consiste de las escrituras judías. Una cosa que debemos al pueblo judío es que cree en un Dios. La mayoría de las naciones en esos días tenían muchos dioses (lo que llamamos "politeísmo": *poli*: muchos – *teos*: dioses). A ese mundo, cuando todos creían en muchos dioses, llegaron los judíos, que creían en uno solo. Desde el tiempo de Abraham en adelante, ellos creyeron en ese único Dios. Creían que conocían su Nombre. En hebreo, el nombre de Dios es JHVH. A partir de estas cuatro letras surgió "Jehová", un nombre usado todavía en algunos de nuestros himnos. Pero, hasta donde sabemos, la palabra hebrea es *Yavé*. He hecho grandes esfuerzos para lograr que un judío me diga cómo pronuncian esa palabra, pero ellos no quieren usarla, porque tienen tanto temor de tomar el nombre de Dios en vano. Digo a un judío: "¿Cómo se pronuncia el nombre de Dios?". Dicen: "*Ya*... no, no me atraparás..." No siguen más allá de la "y".

Debemos el monoteísmo a los judíos. Lo más cerca que llegaron a un credo es un versículo de Deuteronomio 6 que dice: "Escucha Israel: El Señor nuestro Dios es uno". Ese es el corazón de la fe judía. Ese versículo tal vez sea el más ampliamente usado entre ellos, y quiero decir un poco sobre él antes de avanzar. Primero: la palabra "Señor" no está en ella. Cada vez que vea la palabra Señor en mayúsculas (versalitas) en el Antiguo Testamento, sabe que ahí se encuentra el Nombre de Dios, que ellos no se atreven a pronunciar: Yavé. Así que en realidad es: "Escucha Israel: Yavé nuestro Dios es uno".

Lo siguiente que quiero decir acerca de esto es que la palabra "uno" es importante, porque hay dos palabras hebreas para "uno". Una de ellas significa 'singular': una única cosa o persona. Pero la otra palabra hebrea (*echad*) significa "muchos pero que son uno en armonía en mente, uno en pensamiento". Esa es la palabra que se usa en ese versículo: *echad*. Por lo tanto, significa que no creen que creen en un Dios singular, sino en un Dios armonioso. Este es un punto importante. La palabra "uno" es usada bien atrás en Génesis para la pareja matrimonial, cuando dos pasan a ser *una* carne. Siguen siendo dos personas, pero su carne se ha convertido en una, en armonía. No son dos individuos separados ahora, sino uno. Se convierten en "los Pawson", o lo que sea. Son una pareja. De modo que aun Deuteronomio capítulo 6 necesita ser leído con más cuidado.

Ahora, cuando uno dice que cree en un Dios, también está diciendo que cree en el único Dios. Esto aparece en el profeta Isaías, especialmente en los últimos capítulos, donde vez tras vez Dios dice: "Yo soy el Señor, y no hay otro". Él es el único Dios, además del Dios uno. Otros países tenían muchos dioses, pero el judaísmo tenía uno solo. Hay indicios a lo largo del Antiguo Testamento de la pluralidad en Dios en contraposición con la singularidad. Son solo indicios que muchos judíos no han notado, y que dejan perplejos a muchos otros judíos.

¿Cuáles son, entonces, estos indicios de pluralidad? Uno es cuando Dios habla de sí mismo y se llama "nosotros". Lo hace desde la primera página de Génesis, cuando dijo: "*Hagamos* al ser humano a *nuestra* imagen y semejanza". ¿A quiénes está hablando? Algunos judíos dicen que debe estar hablando a los ángeles. Pero nosotros no hemos sido hechos a la imagen de los ángeles. Otros dicen: "Bueno, el plural es el plural de la majestad, como cuando la reina Isabel hace su discurso de Navidad y dice "nosotros" en vez de "yo". ¿Sabe por qué lo hace? Es porque está hablando en nombre de todos los reyes y reinas que hemos tenido. Ella es ahora una representante de una larga línea de personas, no solo una persona, las líneas reales que han hecho nuestra monarquía. Pero no es así con Dios. Dios no lo hace por su majestad. Él debe estar haciéndolo porque es más que uno. No es solo en Génesis 1, sino en Génesis 11, donde habla de la torre de Babel, y dice: "Será mejor que *bajemos* a confundir su idioma". De manera suprema, aparece en el llamado de Isaías (Isaías 6): "¿A quién enviaré? ¿Quién irá por *nosotros*?". Ahora bien, esa es solo una de las sugerencias en el Antiguo Testamento de que, si bien creían en un Dios, había indicios de que podría ser más de uno. Los judíos han quedado desconcertados por esto.

Lo siguiente que quiero mencionar es que la palabra que se traduce "Dios" es la palabra hebrea *Elohim*, y lo intrigante es que es una palabra plural. *El* es la palabra para un Dios. *Eloha* es la palabra para dos. Pero *Elohim* es una palabra que significa más que dos, y se usa a lo largo del Antiguo Testamento para Dios. Muchas personas que no conocen hebreo no lo han notado, y los que lo han notado han quedado desconcertados. Pero está ahí, y produce una gramática algo extraña. El primer versículo en Génesis 1 se lee así: "En el principio Dioses (*Elohim*) creó…" Aparece un error gramatical de un sustantivo plural y un verbo singular, porque la palabra "creó" es singular. Eso continúa a lo largo de todo el Antiguo Testamento: una palabra plural para Dios con verbos en singular al lado.

Cuando miramos atrás desde un punto de vista cristiano, tiene sentido para nosotros, pero no para los judíos. Es un error gramatical usar un sustantivo en plural y un verbo en singular. Todas estas son complicaciones en el Antiguo Testamento que dan indicios de la Trinidad, como la conocemos. Una de las más destacadas es este versículo: "El SEÑOR [es decir *Yavé*] se le apareció a Abraham… Abraham alzó la vista, y vio a tres hombres de pie cerca de él". ¿Alguna vez lo notó? La aparición del SEÑOR ante Abraham fue en la forma de tres hombres.

Esto me lleva atrás a una ocasión extraordinaria en que Premier Radio[1] me pidió participar en un experimento, que consistía en poner a dos personas juntas que no se conocían, que eran tan diferentes como el día y la noche, y dejar que se conozcan. Me preguntaron si quería ofrecerme como voluntario y les dije que sí. Cuando me presentaron el hombre que llegaría a conocer, su nombre era Chris Lambrianou, un griego que había sido miembro de la pandilla de los Hermanos Kray, en el oeste de Londres. Difícilmente podría haber dos personas más opuestas. Pero él había conocido a Cristo y en dos minutos estábamos compartiendo el amor fraternal. Era un caso extraordinario. No podríamos haber sido más diferentes: en la forma que fue criado, la educación y todo lo demás. Estuvo en la cárcel quince años, la mayor parte del tiempo en confinamiento solitario, y tenía tendencias suicidas. Había estado en una celda con una cama de hierro fijada con cemento al piso para que no pudiera lastimarse. Estaba totalmente desesperado cuando alguien le dio una caja con libros. En la caja había un libro y pensó: "Es una Biblia. He escuchado que le hace bien a uno". Así que decidió dormir encima del libro. Y tuvo la mejor noche de sueño en años. Pensó: "Este es un gran libro. Me hace mucho bien". Lo metió en la chaqueta y anduvo caminando con el libro durante un día. Luego se interesó cada vez más porque su vida comenzó a cambiar. Finalmente decidió leerlo, y leyó acerca del Señor.

Una noche se despertó temprano a la mañana y había tres hombres barbados parados al pie de su litera. Les dijo: "Sé quiénes son: usted es el Padre, usted es el Hijo y usted es el Espíritu Santo".

El del medio dijo: "Solo sígueme, Chris".

Desde ese día entregó su vida a Cristo y está haciendo una gran obra rescatando a jóvenes del tipo de vida que él había tenido. Los jueces en el juzgado donde él hace esto dicen a jóvenes que se meten en problemas: "Lo sentencio a vivir con Chris Lambrianou doce meses". Y, al final de los doce meses, usted podrá adivinar cuál ha sido el resultado.

Chris tuvo una visión del Señor. Desconocía por completo la Biblia o cualquier otra cosa, pero sabía que eran el Padre, el Hijo y el Espíritu Santo. Fue exactamente lo que ocurrió a Abraham. El Señor apareció a Abraham, y vio a tres hombres. Podríamos seguir así, pero el Antiguo Testamento nos deja con dos preguntas enormes acerca de dos personas. Primero, el Mesías (griego: "el Cristo"), y el Mesías está en todo el Antiguo Testamento. Hay indicios acerca de él constantemente. La pregunta que nos queda es ésta: ¿esperaban un Mesías humano o divino? Algunos pasajes sugieren que sería humano, y algunos dan indicios de que sería divino. Solo el Nuevo Testamento da la respuesta: ¡ambos! Pero los judíos todavía discuten acerca del Mesías: si será humano como David, o divino. En el libro de Daniel parece que sería divino, aun cuando es llamado Hijo del Hombre. En otros libros es un gran Rey. Esa es una pregunta que nos deja el Antiguo Testamento.

La segunda pregunta está relacionada con el Espíritu Santo. Uno no puede decidir, cuando lee el Antiguo Testamento, si el Espíritu Santo es una cosa o una persona, un "ello" o un "él". Hay muchos pasajes que hablan del Espíritu de Dios como un "ello", una especie de fuerza que emana de Dios y que pueda caer sobre las personas. Y hay otros pasajes que hablan de entristecer al Espíritu Santo. Ahora bien, uno no puede entristecer a una cosa, solo puede causar pena a una persona. De modo que hay ambigüedad en el Antiguo Testamento.

Todas estas cosas que le he estado diciendo son del Antiguo Testamento, pero ¿puede ver que están todas apuntando al Nuevo Testamento? En el Nuevo, las preguntas son contestadas, y las cosas que aparecen separadas en el Antiguo, son unidas. Pero esa es la preparación del Antiguo Testamento para la creencia en la Trinidad. Está ahí para los ojos que estén abiertos para ver.

Si vamos al Nuevo Testamento ahora, encontramos que es tan contundente como el Antiguo Testamento en que Dios es uno. No hay ningún cambio aquí. De hecho, por lo menos cinco o seis de los escritores del Nuevo Testamento citan a Deuteronomio 6:4: "Escucha Israel: El Señor nuestro Dios es uno". Jesús mismo citó ese versículo. Así que no hay duda de que el Dios del Nuevo Testamento es tan uno como el Dios del Antiguo Testamento; no hay ningún cambio. Y, si bien la mayoría de los escritores del Nuevo Testamento son judíos, no tienen problemas en decir que es uno. Sin embargo, aquí es donde comienza la complicación. Habían conocido a Jesús. Al principio no pudieron dilucidar quién era, qué tipo de persona era. Cuando acalló la tormenta, dijeron: "¿Qué clase de hombre es este, que hasta los vientos y las olas le obedecen?". De paso, lo que les dijo no fue: "Paz, quédense quietos". Esa es nuestra versión moderna educada. Lo que dijo, en realidad, podría ser traducido como: "¡Quietos!", la orden que uno le da a un perro que está saltando y ensuciándole la ropa. "¡Abajo!". Dijeron: "¿Qué clase de hombre es éste?". Les llevó dos años y medio averiguarlo.

Veamos lo que dicen los Evangelios Sinópticos primero. 'Sinóptico' significa 'mirar juntos' (*syn*: junto – *optos*: ver). Denominamos 'sinópticos' a los primeros tres Evangelios porque todos miran a Jesús desde el mismo ángulo: lo que dijo, lo que hizo, etc. Los Sinópticos son fieles en registrar que durante dos años y medio los discípulos simplemente no pudieron descifrarlo. Todo lo que hacía los desconcertaba más. Pero al mismo tiempo estaba sanando y resucitando personas, echando fuera demonios. Y los demonios sabían quién era. Está ahí en el registro que, vez tras vez, cuando luchaba con un demonio que se había apoderado de alguien, el demonio en la persona decía: "Sé quién eres. Eres el Santo..." "Eres esto, aquello y lo otro". Tenían razón. Pero Jesús, cada vez, decía: "Cállense". Lo decía porque quería que los discípulos llegaran a sus propias conclusiones y no porque los demonios lo dijeran. Los demonios son ángeles caídos; es todo lo que son. Y estaban diciendo a la gente, antes que nadie más, quién era Jesús. ¿Alguna vez lo notó? Jesús no quería que los demonios dijeran quién era a sus discípulos o a nadie más. Estaba esperando que alguien dijera: "Sé quién eres".

Los llevó a un lugar que es mi sitio favorito en Israel. Hemos tenido las experiencias más asombrosas allí. Está al pie del monte Hermón, la gran montaña coronada de nieve en el norte de Israel. La nieve se derrite, baja por una hendidura en la montaña y sale al pie como un río ya formado. Parece salir directamente del acantilado. Es un lugar asombroso. Se llama Cesarea de Filipo en la Biblia. Allí, como podrá imaginar, había muchas ideas acerca de quién era Dios. Al día de hoy hay nichos excavados en la roca que tenían estatuas. Una de esas era de un dios griego llamado Pan. El lugar aún se llama Banias, por Pan. Este era un dios que había aparecido como un hombre, según la mitología popular. Otro nicho tenía una estatua de César. De ahí el nombre Cesarea de Filipo. Filipo era el gobernador de la zona. César era un hombre que las personas creían que era dios. Jesús llevó a sus discípulos un día a ese mismo lugar donde había una estatua de un dios que apareció como hombre y un hombre que era considerado como dios, y dijo: "¿Quién soy yo?". Pero no dijo eso primero. Su primera pregunta fue: "¿Quién dice la *gente* que soy yo?".

Ellos contestaron: "Tú debes ser una reencarnación. Eres tan gran persona. Y eres tan joven también. Debes ser una reencarnación de un gran hombre, tal vez uno de los profetas".

Jesús dijo: "Pero tengo esta pregunta: '¿Y *ustedes*, ¿quién dicen que soy yo?'".

Pedro dijo: "Yo sé. No naciste aquí. Viniste de otra parte. Eres el Hijo del Dios viviente".

Jesús había estado esperando dos años y medio para que una sola persona se diera cuenta de quién era él. Una vez que supieron quién era, podía seguir adelante con lo que había venido a hacer, que era morir.

Desde ese minuto, puso su rostro para ir a Jerusalén. Dijo: "Ahora puedo ser crucificado".

Pedro dijo: "No harás nada de eso", y discutió con él. Jesús tuvo que decir a uno de sus mejores amigos: "¡Aléjate de mí, Satanás!", con el significado de "No estás hablando como

Dios ahora; estás hablando como habla Satanás".

Pedro fue el primer hombre en darse cuenta de la verdad. ¿Sabe quién fue la primera mujer en hacer la misma confesión? Dé vuelta solo unas pocas hojas y encontrará que Marta, que estaba tan ocupada en la cocina, fue la primera en decir: "Tú eres el Cristo, el Hijo de Dios".

Ahora Jesús tenía lo que necesitaba, un hombre y una mujer que se dieron cuenta de quién era él, y que se lo contarían a los demás. Podía morir por nosotros, y muy poco tiempo después fue exactamente lo que hizo.

Fue muy tierno en la forma que llevó a sus discípulos a darse cuenta de eso. Ellos no sabían entonces dónde había nacido. Pensaban que era Nazaret, pero no era ahí, sino en Belén. No sabían entonces cómo había nacido, porque María "guardaba todas estas cosas en su corazón". Ella no las compartió. No sabían nada de su niñez a esta altura y, hasta donde podemos saber, no sabían nada acerca de su bautismo. Pero en todos esos tres puntos su Padre celestial jugó un papel importante. La palabra "Padre" empieza a usarse ahora en forma general. Si hubo una cosa que hizo Jesús fue enseñarnos a llamar a Dios "Padre". Ningún judío haría algo así jamás. Sería presuntuoso llamar a Dios su "papá". La palabra que nos dio fue "Abba", que era la primera palabra que un bebé en un hogar judío aprende cuando ve a ese gran monstruo asomado a la cuna. Dice "Abba", y el padre orgulloso dice: "Me llamó, me conoce".

Jesús tenía una vida de oración tan íntima que le pidieron: "Enséñanos a orar como lo haces tú".

Él contestó: "Cuando oren, digan: 'Abba'. Vengan como un niño pequeño a Dios".

Cuando miramos la vida de Jesús, su Padre celestial estuvo en todo momento. Digo su Padre *celestial*, porque no tenía un padre terrenal.

Solo más tarde aparecieron las historias de su nacimiento.

Fueron descubiertas por Mateo y Lucas, y muestran que desde el inicio mismo de su vida terrenal tenía una madre terrenal y un Padre divino. Desde su concepción en adelante, su Padre celestial significaba todo para él. Estuvo en la concepción, estuvo en el nacimiento, estuvo en su niñez. Esa es una historia por sí sola. Es el único atisbo que tenemos de toda su vida hasta los treinta años de edad. Sus padres lo llevaron al templo en Jerusalén para su Bar Mitzvah, que es cuando un niño judío se convierte en un hombre, asume responsabilidad por guardar la Ley él mismo. Los padres tienen esa responsabilidad hasta el Bar Mitzvah. Salieron de Jerusalén. En esos días, acostumbraban caminar unos veinticinco kilómetros en cada trecho. Lo que ocurrió fue lo siguiente. Los niños caminaban con sus madres en el camino de ida, y en el camino de vuelta caminaban con sus padres. Los niños ahora eran hombres. Las mujeres siempre partían primero, armaban la carpa y cocinaban la cena. Luego llegaban los hombres, las alcanzaban y comían.

Habían caminado veinticinco kilómetros desde Jerusalén después de llevar a Jesús ahí, y no notaron que él no estaba con ellos. ¿Por qué no? Porque María dijo en su mente: "Caminará con los hombres ahora. Es un hombre ahora". Y José dijo: "No es mi hijo, así que se quedará con María". De modo que uno puede entender cómo caminaron ambos veinticinco kilómetros y luego descubrieron que faltaba Jesús. Usted conoce el resto de la historia. Volvieron a Jerusalén, buscaron por todas partes salvo el lugar correcto, y dijeron finalmente: "¿Probamos el templo?". Y ahí estaba, hablando con los sacerdotes. María dijo algo interesante: "Jesús, ¿dónde has estado? Tu padre y yo hemos estado buscándote por todas partes". Significa que nunca le había dicho a Jesús quién era su Padre. Lo había guardado en su corazón, en secreto. ¡Asombroso! Pero significa que tal vez a los doce o trece años supo quién era su Padre. Dijo: "Sin duda saben que cuando un niño tiene su Bar Mitzvah, se convierte en un socio de su padre en el negocio familiar. Es ahí donde me tendrían que haber buscado. ¿No se dieron cuenta de que ahora he ingresado en el negocio del Padre?". Todo tiene sentido cuando uno ve cómo fue realmente. Por supuesto, los discípulos no conocían ese período de su niñez.

Luego mire su bautismo. El Padre participó en ese bautismo. Hubo una voz desde el cielo: "Este es mi Hijo amado; estoy muy complacido con él". La gente pensó que era un trueno. Cuando Dios habla en voz alta, es como una tormenta. Si los oídos de usted no están afinados, podría no escuchar las palabras reales. Pero algunas personas lo hicieron, y fue eso lo que escucharon decir al Padre. Es algo que sigue durante todo su ministerio. Dice: "Los milagros que estoy haciendo son por el Espíritu de Dios". Nunca dijo: "nuestro Padre". Nos dijo a nosotros que dijéramos eso, pero él no podía decirlo. Él siempre hablaba de "mi Padre" y "el Padre de ustedes". Hizo esa distinción muy cuidadosa, porque decía ser *el* Hijo de Dios. Era de lo que estaban empezando a darse cuenta ellos. Este es *el Hijo*, y tan pronto uno dice *el* algo, está diciendo que no hay nadie más. Cuando dijo: "Yo soy *el* Camino, *la* Verdad y *la* Vida". No hay otro camino, no hay otra verdad, no hay otra vida. "¡Yo soy todo eso!". Todo esto aparece claramente en los Evangelios Sinópticos.

Su juicio. Fue condenado por blasfemia. Ahora bien, los romanos no podían crucificar a nadie sin un cargo en los libros legales romanos, y la blasfemia no figuraba en sus libros. Así que, cuando llevaron a Jesús a Pilato, tuvieron que cambiar el cargo a traición. En el tribunal judío, él dijo que era *el* Hijo de Dios. Eso era suficiente: blasfemia. Pero en un tribunal romano, dijeron que él era *el* rey de los judíos: traición. Jesús fue condenado a muerte, en realidad, por blasfemia, pero el cargo romano fue traición. Fue muerto, y en la cruz fue separado por primera vez de su Padre. Por eso clamó: "*Eloi, Eloi, ¿lama sabactani?*": "Mi Dios, mi Dios, ¿por qué me has abandonado?". Es el grito de alguien que nunca ha conocido la separación de su Padre. Tenemos que meternos en el corazón de Jesús.

Fue así que los discípulos llegaron a reconocer que él era el Hijo de Dios. Pero, ¡un momento! La evidencia que necesitaban aún estaba por venir. Lo confesaron ahora, lo dijeron, pero algo ocurriría que lo resolvería en sus mentes para siempre. Fue muerto por blasfemia y tres días después estaba fuera de la tumba. Eso significa que Dios había revertido el veredicto del tribunal humano. La resurrección era Dios diciendo: "Estaban equivocados. Él estaba diciendo la verdad. No estaba blasfemando cuando dijo ser mi Hijo. Era la verdad. Él es inocente, y ustedes lo han condenado incorrectamente". Eso fue lo que dijo la resurrección a los discípulos, y fue desde ese momento que estuvieron completamente seguros de que Jesús era *el* Hijo de Dios. Pablo dice al principio de Romanos que "fue designado con poder Hijo de Dios por la resurrección". Era Dios diciendo: "Ese es mi veredicto".

Hasta ahora no hemos tocado siquiera el Evangelio de Juan. Cuando lo hacemos, todo el Evangelio es sobre una cosa: que Jesús fue, es y siempre será *el* Hijo de Dios. Desde el inicio mismo, Juan tuvo un nuevo nombre para Jesús, porque solo recibió ese nombre cuando fue un ser humano. Pero él había existido mucho tiempo antes: para siempre antes. Juan le dio el nombre "Logos". El término había sido usado por un hombre de Éfeso. "Logos" significa "la razón por qué", y fue acuñado por un hombre llamado Heráclito, que fue un científico famoso, uno de los primeros. Él dijo que el logos es la razón por qué las cosas se comportan como lo hacen. Muchas ramas de estudio en la universidad se llaman "logía". La zoología es el estudio de por qué los animales se comportan como lo hacen. La meteorología es el estudio de por qué el clima se comporta como lo hace. La psicología estudia por qué la mente humana se comporta como lo hace. La sociología estudia por qué la sociedad humana se comporta así. Cada "logía" es la razón por la que ocurre algo y seguramente fue por inspiración de Dios que Juan, el cuarto Evangelio, llamara a Jesús "el Logos", la razón por la que todo es lo que es. Él es la Razón Por Qué. Dice en el primer versículo del Evangelio de Juan: "el Logos estaba con Dios (de hecho, cara a cara con Dios) y el Logos *era* Dios". El Evangelio de Juan comienza y finaliza con personas que llaman a Jesús Dios. Si usted ha leído mi libro *Abramos la Biblia*, sabrá que hay tres sietes en el Evangelio de Juan: siete milagros, siete afirmaciones y siete testigos.

Recorrámoslos rápidamente. Hay siete milagros en Juan, cinco de los cuales no están en los Sinópticos, y son los milagros más asombrosos, más divinos. Juan no los llama milagros, sino señales. Cada milagro que hizo fue una señal que apuntaba a Dios. Cambiar agua en vino. Los Sinópticos nunca lo notaron, pero Juan sí porque era una señal que apuntaba al Creador. Sanar a un hombre que había estado ciego cuarenta años, mucho tiempo. Resucitar a Lázaro después de cuatro días, cuando su cuerpo estaba pútrido y apestaba. Y resucitó a Lázaro. Eso fue un milagro de Dios, un acto propio de Dios. Hay siete milagros, todos señales, que apuntan a Jesús como Dios. Luego hay siete testigos que lo llamaron Dios, comenzando por Juan mismo en el Evangelio: "la Palabra era Dios", terminando con Tomás, el discípulo que dudaba, que fue el primero en decir: "¡Señor mío y Dios mío!". Era judío, pero lo decía sin sentirse incómodo, sin dificultad, reconociendo espontáneamente la divinidad del Señor.

Los únicos milagros que se repiten en los Sinópticos son caminar sobre el agua y alimentar a cinco mil personas con un par de peces y unas hogazas de pan. Todos ellos son milagros tan divinos que son señales que apuntan a quien los hizo.

Luego hay siete palabras de Jesús, siete afirmaciones, cada una de las cuales comenzaba con "Yavé", porque sabemos lo que significa: "Yo Soy lo que Soy", "Yo Soy el Gran Yo Soy". Aun en griego, es: "Yo, Yo soy" – *ego eimi*, y *eimi* significa "Yo soy", pero *ego* significa "Yo". Así que una verdadera traducción de estas siete afirmaciones sería: "Yo, Yo soy…" Comienza con el Pan del Cielo. Sigue con varias cosas más, siete cosas que Jesús afirmó: el Buen Pastor, la Puerta, el Camino, la Verdad y la Vida, etc.

Siete milagros, siete testigos y siete afirmaciones de ser "Yo Soy". Uno no puede tener más que eso. El Evangelio de Juan lo deja muy en claro. Cuando llega al final, dice: "Jesús hizo muchas otras señales milagrosas en presencia de sus discípulos, las cuales no están registradas en este libro. Pero estas se han escrito para que ustedes crean que Jesús es *el* Cristo, el Hijo de Dios, y para que al creer en su nombre tengan vida". Por eso escribió el Evangelio Juan. Había estado más cerca de Jesús que ningún otro, y había estado más tiempo con Jesús, porque los otros doce apóstoles habían sido muertos. Fue el único que murió de viejo. Fue el que cuidó a María, la madre de Jesús. Jesús sabía que todos los otros serían muertos, así que entregó su madre al cuidado de Juan. Era el discípulo amado, que siempre se sentaba al lado de Jesús en las comidas, y seguramente era el que sabía qué clase de hombre era este.

Ahora, le presento todo esto porque, solo con los Evangelios, tenían un problema. El problema era que habían conocido dos personas que llamaban Dios. Como judíos, sabían del Dios en el cielo, el Dios que los había sacado de Egipto. Conocían a *ese* Dios, pero ahora tenían un problema. Jesús es Dios también. Siempre sentían que él tenía la misma naturaleza y actitud y todos los demás aspectos, a tal punto que, cuando Jesús dijo: "El que me ha visto a mí ha visto al Padre", lo tomaron simplemente como verdad. Sabían que podían ver cómo era Dios en Jesús. Si ese fuera el final de la historia no seríamos trinitarios, sino "binitarios". Creeríamos en un Dios Dos-en-Uno. Pero no fue el final de la historia. Iban a conocer a una tercera persona que era Dios, y que era el mismo Dios que los otros dos, exactamente igual.

Pasemos, entonces, a otra persona: el Espíritu Santo. Recordará que le dije que en el Antiguo Testamento no podían decidir si el Espíritu de Dios era una cosa o una persona. La misma ambigüedad continúa en el Nuevo Testamento, porque el Espíritu en el Nuevo Testamento es comparado con el viento y con el agua. Significa que tenían una expresión neumática para él y una acuática: viento y agua. Esas son cosas. Ah, pero el Evangelio de Juan va mucho más lejos. En Juan 14 a 16, en la última noche de su vida, antes de morir, Jesús les contó del Espíritu Santo, y lo llamó "él", no "ello". Dijo: "Será otro Consolador para ustedes". Los griegos tienen dos palabras para "otro". Una es "otro como" algo, y la otra palabra significa "otro diferente" de algo. La palabra que se usa aquí es "otro como": "Otro Consolador tal como yo. Lo que yo he sido para ustedes, él será para ustedes. De hecho, él no puede venir y estar con ustedes hasta que me vaya". Todo esto apunta a lo que llamamos la *personalidad* del Espíritu Santo. Él será igual que Jesús para los discípulos, otra persona tal como él. Es del Evangelio de Juan nuevamente que obtenemos el mensaje acerca de la personalidad del Espíritu Santo.

Juntando todas estas cosas, los discípulos se han encontrado ahora con tres personas, cada una de los cuales han llamado Dios, cada una de las cuales es una persona para ellos. Sin embargo, es el mismo Dios, exactamente igual. Sea que esté hablando con uno o con el otro, uno obtiene esta impresión de que está hablando con la misma persona. Tienen exactamente la misma actitud hacia usted, exactamente el mismo cuidado de usted. Aquí tenemos judíos que se han encontrado con tres personas que saben todos que son divinos y personales. Pero siguen siendo judíos que creen en un Dios. No hemos tocado siquiera el resto del Nuevo Testamento, pero ya hemos encontrado una base sólida para creer en el Dios Tres-en-Uno, que es precisamente lo que es la Trinidad.

Llegamos a los apóstoles y a las epístolas, el resto del Nuevo Testamento. Todos tienen absolutamente en claro que Dios es uno. Incluso citan Deuteronomio 6:4 nuevamente. Cinco de los autores lo hacen. Estamos en el Nuevo Testamento ahora, y el Nuevo Testamento dice que Dios es Uno. Pero también confirman, primero, que Jesús es divino, y le atribuyen las tres funciones que solo Dios tiene: creación, salvación y juicio. Esas son tres cosas que solo Dios hace, y las epístolas atribuyen a Jesús las tres funciones. No es una coincidencia. Además, todos toman conceptos del Antiguo Testamento de Dios el Padre y los aplican a Dios el Hijo. Dios el Padre fue el primero y el último, el principio y el final. Jesús también. Hay por lo menos diez atributos de Dios el Padre que los apóstoles aplicaron a Jesús en el Nuevo Testamento. Él es ahora la Luz del Mundo.

Avancemos desde aquí. Todos en las epístolas reconocen la personalidad del Espíritu Santo, lo cual plantea un problema. Comienzan a hablar en términos de tres. Voy a mencionar dos pasajes para ilustrarlo. El primero está en Efesios 4: "Esfuércense por mantener la unidad del Espíritu mediante el vínculo de la paz. Hay un solo cuerpo y un solo Espíritu, así como también fueron llamados a una sola esperanza; un solo Señor, una sola fe, un solo bautismo; un solo Dios y Padre de todos, que está sobre todos y por medio de todos y en todos". ¿Nota la triple mención: un solo Espíritu, un solo Cristo, un solo Dios? Casi ha pasado a ser natural para ellos pensar en términos de que son tres en uno. Este es el otro pasaje: 1 Corintios 12, donde Pablo está hablado de los dones del Espíritu: "Hay diversos dones, pero un mismo Espíritu. Hay diversas maneras de servir, pero un mismo Señor. Hay diversas funciones, pero es un mismo Dios el que hace todas las cosas en todos". ¿Lo notó? El mismo Señor, el mismo Espíritu, el mismo Dios. Y en 2 Corintios: "Que la gracia del Señor Jesucristo, el amor de Dios y la comunión del Espíritu Santo sean con todos ustedes".

Esto recorre todas las epístolas. Ponen al Padre, al Hijo y al Espíritu Santo juntos en una igualdad. No hacen ninguna diferencia entre ellos. Y usan esa fórmula triple para bendecir a las personas. Aun más, hay evidencia de que adoraban al Padre, al Hijo y al Espíritu Santo, además de la bendición que he mencionado. Lo que he estado tratando de hacer es darle una sensación de cómo la Trinidad surgió inevitablemente de la *experiencia* de los discípulos.

Por lo tanto, pensaban automáticamente en la eternidad de Dios en tres personas. No usaban la palabra "Trinidad" todavía. Les diré cuándo surgió en el próximo capítulo. Pero ya estaban pensando en términos de una tríada. Hay muchas palabras diferentes que usaron, pero tenían un pensamiento triple, y eso está en el corazón de la doctrina.

Capítulo Dos

## LA DOCTRINA

Inevitablemente, la fe cristiana será atacada en un mundo caído. Este es el reino del Diablo, según mi Nuevo Testamento. "Sabemos que somos hijos de Dios, y que el mundo entero está bajo el control del maligno". Se nos dice que oremos cada día para ser librados del maligno. Esa es la versión real del Padrenuestro, no del "mal", sino del "maligno", el Diablo. El Padrenuestro comienza diciendo "Padre... en el cielo", pero termina con el Diablo en la tierra. Ataca de dos formas. Ataca a los mensajeros del evangelio y el mensaje del evangelio. Ataca a los mensajeros intentando que se comporten mal, que aflojen, que desobedezcan a Dios, que no sigan su voluntad. Pero esa es otra historia, y estoy seguro de que ha escuchado bastante enseñanza sobre esto. Los dos mayores peligros en esa área es que los mensajeros caigan en el libertinaje y hagan lo que quieran, o que caigan en el legalismo y sobredimensionen la Ley de Dios. He visto iglesias que han hecho ambas cosas. Algunas iglesias entran en el libertinaje y no les importa lo que hacen sus miembros. Otras iglesias entran en el legalismo. De una forma u otra, se mata la vida de la iglesia.

Pero nos preocupa aquí el mensaje, y cómo el Diablo intenta pervertir y arruinar el evangelio. Hemos visto cómo el evangelio depende de que Jesús sea plenamente humano y plenamente divino. El Diablo quiere arruinar uno o el otro. Uno de los primeros ataques que hizo contra la fe cristiana lo llamamos docetismo, que significa simplemente no creer que Jesús vino en la carne como la nuestra, sino que *apareció* como una especie de fantasma o ángel. Y, sí, hay personas aún que creen que Jesús no fue real. Al día de hoy, hay personas que niegan su existencia, aunque hay muy pocos que lo hacen. Aun en los días del Nuevo Testamento, las personas atacaban su humanidad, que es la razón por la que Juan, en dos de sus tres cartas, dijo que si una persona no cree que Jesús vino en la carne no es cristiana. Tenemos que creer en la verdadera humanidad de Jesús.

Ahora bien, los creyentes tienen un problema con la humanidad de Jesús. El problema de los no creyentes es su divinidad. Pero estamos tan acostumbrados a adorar a Jesús, a verlo en un vitral, que nos olvidamos que era realmente humano. Los discípulos no estuvieron entre los que dudaban de la humanidad de Jesús. Habían convivido con esa humanidad. Habían comido con él, habían dormido en los mismos lugares, habían caminado con él, habían hablado con él. Sabían que Jesús era real y que era plenamente humano, y para ellos era asombroso que algunas personas tuvieran problemas con esto. Pero a nosotros nos cuesta. He mencionado antes que Jesús tenía que hacer sus necesidades cada día, igual que nosotros. Uno nunca escucha hablar de esto en una iglesia, o ni siquiera lo imagina, pero Jesús hablaba de esto. Era un ser humano real, tal como nosotros, y una de las formas en las que el Diablo intenta destruir el mensaje cristiano es convencer a las personas que Jesús no era real, que no era plenamente humano, que era un visitante celestial, un fantasma, un espectro.

Pero el principal ataque que hace es a la divinidad de Jesús porque, después de todo, es la clave. Era su identidad.

Solo cuando se dieron cuenta de quién era fue a Jerusalén a morir. Porque solo entonces la gente entendería lo que estaba ocurriendo y lo que él estaba logrando. El Diablo nos ataca moral y mentalmente, y es el ataque mental que me preocupa ahora. Le he mostrado que el Evangelio de Juan fue escrito casi por completo para apoyar la deidad de Jesús, que era el Hijo de Dios. Eso era porque Juan vivía en Éfeso, donde cuidó a María, la madre de Jesús, por el resto de su vida. Pero en Éfeso había un hombre llamado Cerinto que decía que Jesús no era plenamente divino, no era plenamente humano, que estaba en algún punto intermedio. Que podía mediar por nosotros porque estaba entre nosotros y Dios, pero no era plenamente Dios. Juan sabía de esto. Un día, Juan fue llevado a los baños públicos romanos. Cuando estaba en el agua, vio a Cerinto en el otro extremo y gritó a sus amigos: "¡Sáquenme de aquí! ¡Sáquenme de aquí!". Ellos pensaban que había algo terriblemente mal. Juan dijo: "No quiero estar en la misma agua que este hombre". Tomó una fuerte posición contra él porque no hay nada más dañino que decir que Jesús no era plenamente divino, sino solo un poco menos que Dios, en algún punto intermedio.

Hoy tenemos a los Testigos de Jehová que dicen que Jesús no es Dios, y argumentan especialmente desde su propia biblia que ha sido ajustada hábilmente para encajar con sus puntos de vista. Ellos no creen que Jesús era Dios. Creen que fue una criatura y no el Creador, que fue el primogénito de toda la creación. Esa es una de las frases que usan, y es bíblica. Dicen que él fue formado primero, hace mucho tiempo. Él fue una criatura. Decir que "por medio de él todas las cosas fueron creadas; sin él, nada de lo creado llegó a existir" es una blasfemia para ellos.

Daré un paso grande ahora acerca de la divinidad de Jesús. En algún punto, alguien tuvo una gran idea. Dijo que lo que necesitamos es una declaración de fe breve y concisa para que podamos defenderla contra los que la atacan. Así se formaron los credos (de la palabra latina *credo*, que significa "Yo creo"). El primer credo, que no sabemos quién lo formuló, es el Credo de los Apóstoles. Si usted es anglicano, es usado cada semana en la iglesia. Los credos fueron escritos para defender la fe contra quienes la querían negar de alguna forma. Cuando lo lea, pregunte: ¿contra qué ataque estaba defendiendo la fe? Porque fueron escritos para eso. Tenemos, entonces, el Credo de los Apóstoles, que fue uno de los primeros. Mírelo y pregúntese que estaba siendo negado por los atacantes.

"Creo en Dios, Padre Todopoderoso, Creador del cielo y de la tierra. Creo en Jesucristo, su único Hijo, Nuestro Señor, que fue concebido por obra y gracia del Espíritu Santo, nació de Santa María Virgen, padeció bajo el poder de Poncio Pilato, fue crucificado, muerto y sepultado, descendió a los muertos, al tercer día resucitó de entre los muertos, subió a los cielos y está sentado a la derecha de Dios, Padre todopoderoso. Desde allí ha de venir a juzgar a vivos y muertos. Creo en el Espíritu Santo, la santa Iglesia católica, la comunión de los santos, el perdón de los pecados, la resurrección de la carne y la vida eterna. Amén".

¿Le resultan conocidas esas palabras? ¿Contra qué cosa que se estaba diciendo fue escrito? Podría sorprenderle que el primer punto que quiero señalar es el siguiente: fue escrito para defender la *humanidad* de Cristo, porque las personas ya no estaban creyendo que era realmente humano. ¿Por qué me atrevo a decir eso? Porque menciona su nacimiento y su muerte. Además, se mencionan dos seres humanos en el Credo de los Apóstoles: María, la madre de Jesús, y Poncio Pilato, bajo quien murió. Este credo está diciendo que nació y murió, que son los dos hechos básicos de todo ser humano que haya vivido jamás. Podrían aparecer en su lápida: usted nació y murió. Es humano.

La primera cosa que decimos es que fue escrito para defender la plena humanidad de Jesús. Por eso Poncio Pilato quedó en la historia: porque fue el responsable de su muerte. Ahora usted notará que cambiamos la palabra "infierno" a "muertos": "descendió a los muertos" (en vez de "descendió al infierno"). Esa es una traducción mejor, porque en realidad es "descendió al Hades" y, cuando el credo fue escrito, no estaban demasiado seguros en cuanto si el infierno y el Hades eran el mismo lugar o lugares diferentes. Pero significa que descendió a los muertos. La otra frase que podemos malentender es "la santa iglesia católica". La palabra "católica" significaba, y significa, "universal". No significa la iglesia de Roma, y cuando este credo fue escrito la santa iglesia católica era la santa iglesia universal de todos los creyentes. Así que no hay ningún problema con eso.

Pero hay también una afirmación de hechos de interrupción divina en la vida de Jesús. Sí, nació de María, pero fue concebido por el Espíritu Santo. Por lo tanto, Dios fue su Padre. Y sí, fue crucificado bajo Poncio Pilato, pero resucitó: el tercer día resucitó. De nuevo, Dios está ahí. De modo que, mientras enfatiza su verdadera humanidad, también está subrayando la Paternidad de Dios y todo lo que hizo Dios para que Jesús fuera posible.

Ahora voy de ese credo, que fue uno de los primeros, a un credo que fue escrito en un lugar llamado Nicea. Se llama el Credo Niceno que, si usted es anglicano, recitaría en un Culto de Comunión. Es algo más largo, y fue escrito para defender la creencia de la iglesia en la plena divinidad de Jesús, porque había un hombre en ese momento llamado Arrio. Era uno de los que decía que Jesús era una criatura, y no el Creador, y estaba en algún punto intermedio entre Dios y el hombre, pero no era plenamente Dios. Ahora, a la luz de eso, considere lo que dice:

"Creemos (en una traducción moderna, diferente del Credo

Apostólico: "Creo") en un solo Dios, Padre todopoderoso, creador de todas las cosas visibles e invisibles; y en un solo Señor Jesucristo, el Hijo de Dios; unigénito nacido del Padre, es decir, de la sustancia del Padre; Dios de Dios, luz de luz, Dios verdadero de Dios verdadero; engendrado, no creado; de la misma naturaleza que el Padre; por quien todo fue hecho".

Esta es una afirmación asombrosa. Vea lo que está diciendo: Jesús fue engendrado eternamente. Eso destruye la idea de que era una criatura. En otras palabras, "engendrado" no significa que Dios lo *hizo*. Fue *engendrado eternamente* por el Padre. Siempre fue el Hijo de Dios. No se *convirtió* en el Hijo de Dios. Y era Dios verdadero de Dios verdadero. Una versión dice: "Dios mismo de Dios mismo". Eso está enfatizando que era *plenamente Dios*, y uno no debe cuestionar eso. "De la sustancia del Padre", es decir de una pieza de la misma cosa. "Por quien todo fue hecho", una cita del Evangelio de Juan, pero está diciendo que no es una criatura. Fue el Creador, como dice el Nuevo Testamento frecuentemente. Y sigue diciendo: "y por nuestra salvación bajó del cielo, y por obra del Espíritu Santo se encarnó". Ahí hay una palabra que no está en la Biblia: encarnado. Significa que fue convertido en carne. Así que alguien había empezado a negar la encarnación. "Se encarnó de María, la Virgen, y se hizo hombre". "Por nuestra causa fue crucificado en tiempos de Poncio Pilato; padeció y fue sepultado, y resucitó al tercer día, según las Escrituras, y subió al cielo, y está sentado a la derecha del Padre; y de nuevo vendrá con gloria para juzgar a vivos y muertos, y su reino no tendrá fin". Hay un agregado, porque algunas personas ya estaban enseñando que el reino de Jesús no era eterno.

¿Empieza a ver cómo debería leer los credos? Pregunte en cada afirmación: ¿qué está negando? Eso era lo que se estaba diciendo, y esta era la respuesta de la iglesia. "Creo en el Espíritu Santo, Señor y dador de vida, que procede del Padre y del Hijo". Esto es nuevo. Y esa es una de las primeras controversias: ¿quién envió el Espíritu Santo? Algunos decían que era Dios, y solo Dios. Otros decían que Dios el Padre y Dios el Hijo enviaron al Espíritu juntos, que está más en línea con la Biblia: "que con el Padre y el Hijo recibe una misma adoración y gloria, y que habló por los profetas. Creo en la Iglesia, que es una, santa, católica y apostólica". Aparece ahora una palabra adicional: apostólica. "Confieso que hay un solo bautismo para el perdón de los pecados". Esto es algo nuevo. El bautismo no estaba en Credo Apostólico. "Espero la resurrección de los muertos y la vida del mundo futuro". Había una controversia con relación al bautismo que ya estaba surgiendo, tal vez porque ya estaba siendo aplicado a bebés.

El siguiente credo que quiero mencionar fue escrito alrededor de 400 d.C. y fue nombrado según un gran defensor de la Trinidad llamado Atanasio. Es el Credo Atanasiano. A él le preocupaba especialmente las personas que enseñaban que había tres Dioses, no uno. Creo que este credo es un poco exagerado, pero escúchelo:

"La fe católica es esta, que adoramos a un solo Dios en la Trinidad, y a la Trinidad en la unidad. Sin confundir las Personas ni separar la substancia. Porque una es la persona del Padre, otra la del Hijo y otra la del Espíritu Santo. Pero el Padre y el Hijo y el Espíritu Santo tienen una sola divinidad, gloria igual y coeterna majestad. Cual el Padre, tal es el Hijo, y tal es el Espíritu Santo. El Padre increado, el Hijo increado y el Espíritu Santo. Incomprensible el Padre, incomprensible el Hijo, incomprensible el Espíritu Santo. Eterno el Padre, eterno el Hijo, eterno el Espíritu Santo".

Y recién vamos por la tercera parte.

"Y, sin embargo, no son tres eternos, sino un solo eterno. Así como tampoco son tres increados ni tres incomprensibles, sino un solo increado y un solo incomprensible. Igualmente, el Padre es omnipotente, el Hijo es omnipotente, el Espíritu Santo es omnipotente; y, sin embargo no son tres omnipotentes, sino un solo omnipotente. Así el Padre es Dios, el Hijo es Dios, y el Espíritu Santo es Dios. Y, sin embargo, no son tres dioses, sino un solo Dios. Así también el Padre es el Señor, el Hijo es el Señor, y el Espíritu Santo es el Señor. Y, sin embargo, no son tres Señores, sino un solo Señor. Pues, así como la cristiana verdad nos compele a reconocer que cada Persona por sí misma es Dios y Señor, así mismo la religión católica nos prohíbe decir que hay tres dioses y tres señores. El Padre no fue hecho por nadie, ni creado, ni engendrado. El Hijo es solo del Padre, no hecho, ni creado, sino engendrado. El Espíritu Santo es del Padre y del Hijo, no fue hecho, ni creado, sino que procede de Ellos. Por lo tanto, hay un solo Padre, no tres Padres; un Hijo, no tres Hijos; un Espíritu Santo, no tres Espíritus Santos. Y en esta Trinidad ninguno va antes o después del otro, ninguno es mayor o menor que el otro, sino que las tres Personas son entre sí co-eternas e iguales; de modo, que, como se dijo antes, se debe adorar la Unidad en Trinidad y la Trinidad en Unidad. El que quiera, pues, salvarse, debe pensar así sobre la Trinidad".

Creo que ha dicho lo que quería decir. La iglesia estaba muy ansiosa por mantener la fe en su rumbo. En este caso estaba muy ansiosa por no dividir a Dios en tres, que puede hacerse fácilmente. No son la misma Persona, pero son el mismo Dios. Esta es la parte que más nos cuesta entender, pero volveremos a esto en un momento.

Un credo más es el Credo Calcedonio, por el lugar donde fue escrito en 451 d.C. Piense nuevamente: ¿qué está negando?

"Siguiendo, pues, a los Santos Padres, todos a una voz enseñamos que ha de confesarse a uno solo y el mismo Hijo, nuestro Señor Jesucristo, el mismo perfecto en la divinidad y el mismo perfecto en la humanidad, Dios verdaderamente, y el mismo verdaderamente hombre de alma racional y de cuerpo, consustancial con el Padre en cuanto a la divinidad, y el mismo consustancial con nosotros en cuanto a la humanidad, semejante en todo a nosotros, menos en el pecado; engendrado del Padre antes de los siglos en cuanto a la divinidad, y el mismo, en los últimos días, por nosotros y por nuestra salvación, engendrado de María Virgen, portadora de Dios, en cuanto a la humanidad; que se ha de reconocer a uno solo y el mismo Cristo Hijo Señor unigénito en dos naturalezas, sin confusión, sin cambio, sin división, sin separación, en modo alguno borrada la diferencia de naturalezas por causa de la unión, sino conservando, más bien, cada naturaleza su propiedad y concurriendo en una sola persona y en una sola hipóstasis, no partido o dividido en dos personas, sino uno solo y el mismo Hijo unigénito, Dios Verbo Señor Jesucristo, como de antiguo acerca de Él nos enseñaron los profetas, y el mismo Jesucristo, y nos lo ha trasmitido el Símbolo de los Padres. Así, pues, después de que con toda exactitud y cuidado en todos sus aspectos fue por nosotros redactada esta fórmula, definió el santo y ecuménico Concilio que a nadie será lícito profesar otra fe, ni siquiera escribirla o componerla, ni sentirla, ni enseñarla a los demás".

Hay una preocupación aquí, no acerca del Espíritu Santo aún, sino acerca del Hijo. Había dos naturalezas unidas en armonía perfecta, lo divino y lo humano combinados en Cristo.

Esos son todos los credos que consideraremos aquí, pero todos fueron escritos para defender la fe y mantenerla pura. Estoy agradecido por los que trabajaron en ellos. No siga todo lo que dijeron; no son infalibles. No son las Escrituras y no debemos tratarlas como tales. Hay algunas cosas, por ejemplo, que dicen que no me cierran. Uno de los últimos que leí llamó a María "la portadora de Dios". ¿Lo notó? La palabra griega es *theotokos*. Lamentablemente la gente se tomó de eso y comenzó a hablar de María como la madre de Dios. ¿Lo ha escuchado? Los católicos ahora lo creen como un dogma. Ella no fue la madre de Dios. Nunca fue la madre de Dios. Fue la madre del Hijo de Dios. No fue la madre de Dios. Eso la pone por encima de Dios, y es una de las razones por la que los católicos tienen tanta veneración por María la madre de Dios. Pero ella fue la madre del Hijo de Dios, la madre de una de las tres Personas, pero no de las otras dos. No fue la madre del Espíritu Santo. No fue la madre de Dios el Padre. Tenemos que darnos cuenta nuevamente que el credo no decía que ella era la madre de Dios, sino que era la portadora de Dios, lo cual era cierto. Cuando uno convierte eso en la madre de Dios ha ido demasiado lejos.

Después de esos credos, hay todavía enormes cuestiones que los teólogos tienen que abordar, y que aún están abordando. El primero es: ¿hay algún orden? ¿Cómo se relacionan entre sí? ¿Hay subordinación? Los teólogos feministas lo niegan enfáticamente, pero hay un orden. El Padre *envió* al Hijo. El Hijo y el Padre *enviaron* al Espíritu. Nadie envió al Padre. Es una palabra que nunca se usa para el Padre. Jesús vino para hacer la voluntad del Padre. Lo hizo voluntariamente, perfectamente, pero vino a glorificar al Padre. El Espíritu Santo vino para glorificar al Hijo, y ellos no glorifican en el sentido opuesto, si bien el Hijo oró: "Padre, glorifícame en tu presencia con la gloria que tuve contigo antes de que el mundo existiera". Pero parece haber un orden, y en cada credo siempre hay tres secciones, y siempre están en el mismo orden: Padre, Hijo y Espíritu Santo. En otras palabras, el Padre tiene la prioridad. Su voluntad es la básica que cumplen los otros dos. De modo que hay cierto orden aquí, una cierta subordinación de carácter voluntario. Esto planteó el segundo asunto: ¿son iguales? La respuesta es que están subordinados en algunos sentidos y son iguales en otros. Son iguales en gloria, iguales en estatus, iguales en muchas formas, pero hay un orden aquí. Luego vino otra gran pregunta: ¿Cuánto hace que Dios ha sido tres? Hay algunos que dicen, incluso hoy, que se convirtió en tres Personas para salvarnos. Esto se llama la Teoría Económica de la Trinidad. Pero la respuesta final de los cristianos ha sido: *siempre* hubo un Padre, Hijo y Espíritu Santo.

Es aquí cuando sus cerebros comienzan a exigirse un poco, sin duda. Veamos los errores modernos que sugieren que podríamos necesitar credos modernos para encarar errores modernos. Hay todavía iglesias que no pueden aceptar que Dios es tres Personas. Las llamamos iglesias unitarias, y Estados Unidos está llena de ellas. Adoran a un Dios, pero no incluyen a la Trinidad. Hablan de Jesús, hablan del Espíritu Santo. Al igual que los Testigos de Jehová. Pero la Trinidad sigue siendo anatema. Hay un grupo de pentecostales que se llaman los pentecostales de la unicidad (Oneness Pentecostals). ¿Ha oído de ellos? Ellos creen que Dios es uno y que Jesús y el Espíritu Santo son solo el Dios uno, lo cual significa francamente que Dios el Padre murió en la cruz por usted. Ese ha sido un error muy conocido durante siglos. El Padre no murió en la cruz. Fue el Hijo quien murió en la cruz. El Padre abandonó a su Hijo porque lo estaba convirtiendo en pecado por nosotros (ver 2 Corintios 5:21). Este error ha sido conocido como Patripasionismo (perdón por estas palabras largas: *patri*: Padre – *passius*: sufrir).

He mencionado a los Testigos de Jehová. He mencionado a los feministas. Los feministas atacan fuertemente a la Trinidad. No soportan la idea de que alguien esté subordinado a otro, que alguien esté bajo la voluntad de otro, y hay razones obvias por las que lo piensan. Pero aplicarlo a

Dios es un error, porque nosotros obtenemos nuestro modelo de Dios, como le mostraré en un momento.

Voy a sugerir algo aquí que pido que piense cuidadosamente. Creo que muchos evangélicos son trinitarios en teoría, pero binitarios en la práctica. Usted ha estado en iglesias donde la Trinidad parece ser, en la práctica: Padre, Hijo y Escrituras Santas. ¿Sabe a lo que me refiero? No escuchará hablar mucho sobre el Espíritu Santo en esas iglesias. Creen que los dones y el Espíritu cesaron dos mil años atrás, cuando las Escrituras se completaron. En la práctica, es antitrinitario. Tal vez no lo sea en la teoría, pero en la práctica escuchará hablar mucho acerca del Padre y acerca del Hijo y acerca de las Escrituras Santas, pero muy poco acerca del Espíritu Santo. Lo digo intencionadamente. No quiero que la cuestión sea objetivamente crítica. Pero yo solía ser ese tipo de evangélico. Odiaba predicar el Domingo de Pentecostés. Siempre estaba contento de volver al evangelio la semana siguiente. Podía sacar suficiente de los libros como para preparar dos sermones el Domingo de Pentecostés, pero eso era todo. Aparte de eso, confieso que podía predicar muchísimos sermones y nunca mencionarlo. Esta es una forma muy sutil de lo que llamo "binitarianismo". Significa que muchas personas en esta clase de iglesias no conocen al Espíritu Santo como una Persona. No lo conocen y no le hablan. O no lo conocen y no lo escuchan. Creo que soy un evangélico carismático. En otras palabras, creo que necesitamos al Espíritu Santo, y el Padre y el Hijo, y que necesitamos a los tres juntos, como nos dicen las Sagradas Escrituras.

Permítame llegar al día de hoy. ¿Cómo explicaremos todo esto a las personas? Piense en algunas ecuaciones matemáticas. La primera ecuación es una que muchas personas piensan que creemos y enseñamos. No pueden entender por qué no creemos en tres dioses, porque las matemáticas son: 1+1+1=3. Pero yo propondría que hay otra ecuación matemática que está más próxima a la verdad: 1x1x1=1. Dios no está atado a las matemáticas, pero le doy esto solo en caso que quiera otra fórmula matemática que tenga más sentido cuando habla de la Trinidad. Solo cambie el "más" por "veces" y estará en un mundo completamente diferente.

Algunas personas quieren símbolos. En muchas iglesias uno ve un símbolo en la arquitectura o grabado en la madera al final de un banco, que siempre es el símbolo de la Trinidad. Cuando Patricio, un niño galés que era un esclavo fue a evangelizar Irlanda, usó el trébol de tres hojas, que se ha convertido en el emblema nacional de Irlanda. Dijo: ¿es una hoja o son tres? Tiene tres lóbulos, pero un solo tallo, así que ¿es una hoja o tres? Él usó el trébol como una especie de símbolo de la Trinidad, para ayudar a que la gente entienda.

Creo que las analogías no son ninguna ayuda. Tenía un profesor en Cambridge que decía: "Quiero que piensen en tres huevos en una sartén. Las claras se han convertido en una, pero hay tres yemas". Dijo: "Eso es una imagen de la Trinidad". Dios no es huevos en una sartén. Todas esas analogías se vienen abajo. Una analogía favorita es el agua, $H_2O$, que puede ser vapor, agua o hielo —un vapor, un líquido o un sólido. Lo he oído usar como argumento. Pero, nuevamente, se viene abajo porque el agua nunca puede ser las tres cosas a la vez. Cambiará al hielo o cambiará al vapor, pero nunca es agua, vapor y hielo junto. Por lo tanto, no es una analogía. Así que digo realmente: "Olvídense de las analogías".

Tengo una ilustración que me ha resultado útil, que es un triángulo con el Padre arriba, el Hijo en un vértice y el Espíritu en otro. Luego están las diferentes líneas que los conectan. Una larga línea afuera es una línea que dice "no es". Así que el Padre no es el Espíritu, el Padre no es el Hijo, el Hijo no es el Espíritu. Pero en el medio del diagrama está la palabra "Dios", y hay líneas más cortas que conectan a los tres al centro, y la línea más corta dice "es", "es", "es". El Padre *es* Dios, el Hijo *es* Dios y el Espíritu *es* Dios. Son diferentes entre sí, pero todos son Dios. Eso no argumenta nada, pero sentí que era un diagrama útil para tener en mente. Me mantiene ortodoxo y dice algo a mi mente que necesito recordar.

Pero sigamos adelante. Creo que la cosa más importante que quiero decir ahora es ésta: *la dinámica precede a la doctrina* – la experiencia viene antes de la explicación. Así fue en los tiempos bíblicos. Fue porque experimentaron la dinámica de la Trinidad que tuvieron que elaborar la doctrina. Ese es el orden. Por lo tanto, le digo encarecidamente: no intente explicar la Trinidad a un no creyente. Háblele acerca de la dinámica primero. Preséntele la relación triple primero. No intente convencerlos para que crean en la Trinidad hasta tanto hayan conocido a las tres Personas. Por lo tanto, con los no creyentes, se lo ruego: no pierda el tiempo discutiendo acerca de la Trinidad. Predíqueles el evangelio. Preséntales las tres Personas, y entonces no tendrá ninguna dificultad para decirles que han conocido al mismo Dios en los tres. Esa es la primera aplicación práctica de todo lo que hemos estado aprendiendo. No intente convencer a los no incrédulos acerca de la Trinidad. Nunca lo logrará. Los aturdirá antes que llegue a ninguna parte. Preséntales la *experiencia* de la Trinidad, y luego estarán listos para escuchar la doctrina. Y necesitan oír la doctrina, pero solo después que hayan experimentado las tres relaciones, y me refiero a las tres.

Necesitan que se les presente el Padre, el Hijo y el Espíritu Santo desde el inicio mismo de su vida cristiana. Demasiadas personas han tenido que esperar años antes que se les hubiera presentado el Espíritu Santo como una relación personal. Solo conocemos al Padre a través del hijo y "nadie llega al

Padre sino por mí [Jesús]". Esos son los dos primeros que le son presentados a los cristianos. Pero, ¿por qué no se les presenta el Espíritu Santo también? Porque cuando son bautizados, que debería ser temprano en su vida cristiana, serán bautizados en el Nombre del Padre, el Hijo y el Espíritu Santo. ¿Cómo pueden ser bautizados en el nombre de una Persona que no conocen? Ahora, por supuesto, aquí tenemos un problema. Jesús mismo dijo: "Vayan y hagan discípulos de todas las naciones, bautizándolos en el nombre d*el* Padre y d*el* Hijo y d*el* Espíritu Santo". Y la palabra "el" es muy importante, porque es lo que la hace una Persona.

No tenemos un nombre triple para Dios —Padre, Hijo y Espíritu Santo—, como si ese fuera su nombre. Su nombre es *el* Padre, *el* Hijo y *el* Espíritu, y eso le asegura que está tratándolos como Personas separadas, diferentes entre sí. Ahora, el problema es que el nombre ahí está en singular, y aquí tenemos nuevamente un problema gramatical. El nombre singular *el* Padre, *el* Hijo y *el* Espíritu Santo, el nombre singular de tres Personas, es una contradicción gramática y matemáticamente, pero es la verdad. Así que creo que nuestra tarea básica es presentar a las personas a los tres. Si es necesario, uno por uno, pero en lo posible lo más cerca entre sí posible, de modo que se encuentren con los tres y conozcan a los tres, y sin embargo sepan instintivamente que están tratando con el mismo Dios en los tres.

Ahora llego a lo más importante. Permítame ponerlo con mucho cuidado. La verdadera respuesta a la complicación de la Trinidad es preguntar: ¿en qué sentido Dios es tres, y en qué sentido es uno? No confunda jamás esas dos cosas. Hay algunos sentidos en que Dios es tres y otros sentidos que es uno, pero los dos sentidos son diferentes y nunca deben ser iguales. Preguntemos primero acerca de los tres. Dios es tres Personas. El Padre no es el Hijo y no es el Espíritu. Su carácter de tres es Personas. No es una Persona. ¿Me sigue?

Si tan solo no hubiéramos permitido que nuestras mentes se desviaran para pensar que era tres Personas y una Persona al mismo tiempo. Es ahí donde hacemos un problema para la gente. Él es tres Personas pero un Dios. Lo que es como tres es diferente de lo que es como uno. Ahora espero que me siga en eso, porque entonces deja de ser un problema. Solo es tres en algunos sentidos, solo uno en sentidos completamente diferentes. Usted no está pidiendo que los tres y el uno se apliquen a lo mismo. Ahí es cuando está en contradicción y un sinsentido matemático.

Entienda esto claramente: el tres se aplica solo a tres Personas. El problema, entonces, es por supuesto: ¿en qué sentido los tres son uno? No en el carácter de personas. Sabemos lo que es una persona. Yo soy una persona, usted es una persona. Yo no soy usted, usted no es yo. Somos diferentes. Entonces, ¿cómo obtenemos la unicidad? Hay una sola analogía humana que ayuda y es la relación sexual. Esta es una analogía que usa la Biblia, cuando dos se convierten en una carne, así que podemos usala. Solo llega tan lejos como meter dos en uno, pero por lo menos podemos decir que Dios está un paso delante de eso. Él es tres en uno. Usted sabe que Jesús dijo, muy específicamente: "El Padre y yo somos uno", pero no significaba una Persona. Quería decir dos en perfecta armonía, compartiendo la misma naturaleza, las mismas actitudes, los mismos atributos. Tres comparten una naturaleza, no una Persona. Las tres Personas están en perfecta armonía.

Permítame terminar preguntando: ¿cuál es la importancia de todo esto? ¿Cuál es la pertinencia de todo esto? ¿No es acaso la Trinidad solo una teoría? ¿Cómo afecta mi vida cotidiana? La pregunta crucial en toda religión es: ¿en qué clase de Dios cree usted? Esto afectará todo lo demás.

Tomemos el islam. Ellos no creen en una Trinidad. Creen en una persona llamada dios. Nosotros creemos en tres Personas. ¿Qué diferencia hace? Muy simplemente, para nosotros Dios está por encima de nosotros, a nuestro lado y dentro de nosotros. Dios el Padre está por encima de nosotros, así que podemos adorar a un Dios en el cielo. Pero él se convirtió en Emanuel, Dios *con* nosotros. Dios al lado de nosotros. Dios compartiendo nuestra naturaleza. Y cuando uno ha sido llenado con el Espíritu Santo, sabe que Dios está adentro de usted. Ahora, si enfatiza demasiado cualquiera de esos tres, llega a una visión desbalanceada de Dios. El islam sobredimensiona el dios arriba de nosotros, y es todo lo que tienen. Pero nosotros tenemos un Dios que vino al lado de nosotros y dijo: "Les enviaré otro Sustituto". Eso es lo que significa la palabra Consolador aquí: Sustituto. "Yo les enviaré otro Sustituto y él estará dentro de ustedes. Si pregunta: "¿Dónde está mi Dios?", la respuesta es: "Él está arriba de mí, está al lado de mí y está dentro de mí". Tengo todo mi ser cubierto, toda mi existencia está en Dios, y tengo el Dios que necesito. Necesito un Dios que está arriba de mí. Necesito un Dios que esté al lado de mí. Necesito un Dios que está dentro de mí. Esas son las tres dimensiones de mi vida. Dios llena las tres, y solo Dios la Trinidad lo hace. Alá no puede hacerlo. No hay ninguna afirmación en el Corán de que pueda hacerlo. No puede. Siempre será una persona solitaria arriba de las personas, y uno no puede tener esa relación de "al lado" y "adentro" con él.

Pero Emanuel significa 'Dios con nosotros, Dios al lado de nosotros', y el Espíritu Santo significa 'Dios dentro de mí'. Si una sobredimensiona a Dios dentro de usted, lo reduce en tamaño. Se convierte en un pequeño Dios en su corazón. O puede sobredimensionar el hecho de que en Cristo vino al lado de nosotros, y perder al que está adentro. Solo el cristiano, entre todas las religiones del mundo, puede presumir de un Dios que está arriba de nosotros, al lado de nosotros y dentro de nosotros. Este es el hecho más importante de la Trinidad. Si usted no cree en la Trinidad, se perderá por lo menos una o dos de esas tres cosas, y eso sería una tragedia.

¿Qué significa esto para Dios? Significa que Dios es *relacional*. Dios tiene relaciones dentro de sí mismo. Por lo tanto, solo el cristianismo puede decir, y es la única religión que lo ha dicho: "Dios es Amor". Porque uno no puede tener amor con una persona solitaria. El amor es una relación. Alá en el islam no tiene relaciones. Él no puede ser amor. Nunca lo llaman amor. No puede ser un padre, porque dicen que no tiene un hijo. ¿Puede empezar a ver cómo la Trinidad es preciosa para nosotros? Es una parte vital de toda nuestra religión. Dios es amor, siempre fue amor, siempre será amor. Cuando no había ningún ser humano que amar, él amaba a su Hijo, amaba a su Espíritu Santo, y ellos lo amaban a él. La salvación es ser invitado a ese amor familiar. Es ser considerado como un hijo adoptivo para compartir el amor que ya tenían en ese trío. ¿Comienza a ver algo más grande en esto que solo credos y argumentos? Es crucial. Gracias a Dios por los credos que preservaron la verdad para nosotros, porque si no hubieran elaborado esas declaraciones, podríamos habernos desviado años atrás. Dios es *el* Padre, *el* Hijo y *el* Espíritu Santo. No tres Dioses, sino un Dios y Padre de todos nosotros.

La próxima cosa que quiero decir es que Dios, habiéndonos hecho a su imagen, nos ha dado el modelo para nuestras relaciones. Si me pregunta por qué Dios creó los seres humanos, mi respuesta es muy sencilla: ya tenía un Hijo y un Espíritu para amar, y encontró que ese amor era tan placentero y una delicia tan grande que quería una familia más grande. Esa es la razón por la que estamos aquí: para ser una familia más grande. No hay ninguna otra razón por la que usted está acá en la tierra excepto esa. Estamos aquí para convertirnos en los hijos y las hijas adoptados de Dios, parte de su familia de amor eterna. Por lo tanto, entre los redimidos, la Trinidad es el modelo para vivir juntos. Parece tan obvio cuando uno lo dice, pero era eso por lo que oraba Jesús. Jesús oró por nosotros, que creeríamos la doctrina de los apóstoles, y oró para que seamos uno como él es uno con el Padre. De modo que la Trinidad se convierte en el patrón para su relación con otros creyentes en su iglesia. ¿No es asombroso? Que la Trinidad de amor fuera visible en la iglesia. "Vean cómo estos cristianos se aman". Es así como persuadiremos al mundo acerca de la Trinidad, demostrándola entre nosotros.

¿Puede comenzar a ver la importancia de la Trinidad? ¿La delicia de la Trinidad? En vez de lamentar que tenga que creer en la Trinidad para ser un cristiano, puede regocijarse porque Dios es una Trinidad y, por lo tanto, hay un modelo que siempre ha estado ahí, de cómo vivir juntos. Esto se aplica a todas las cosas y a todas las personas. La intención de Dios, su plan, fue reunir todas las cosas en Cristo, para que pudiéramos conocer la armonía que él ya tiene, y que ha tenido por siempre jamás. Él simplemente quiere que tengamos la misma armonía. ¿Podría algo ser más sencillo? Es así que podemos regocijarnos de que tengamos un Dios tan maravilloso, un Dios que *es* amor, siempre *fue* amor, siempre lo *será*, un Dios que quería compartir el amor con nosotros y, sobre todo, que quería que lo compartiéramos entre nosotros en la tierra para ser una demostración de la Trinidad, y persuadir a otros que las personas pueden ser "uno" en el mejor sentido de la palabra. Solo si vivimos en armonía perfecta con los demás cristianos podremos demostrar la Trinidad.

Adoramos la Trinidad. Amamos la Trinidad, y sí, Padre, que eres lo que eres, que eres el gran *Yo Soy*, y gracias por mostrarnos que eres una Trinidad, tres en uno y uno en tres. Cómo te amamos. Ayúdanos a demostrar eso aquí abajo y convencer a otras personas de que eres la Santa Trinidad. En el nombre de Jesús. Amén.

Creo que hay un momento en que uno deja las preguntas a un costado y dice:

"Dios, tú eres lo que eres, y no serías Dios si no fueras lo que eres, y te adoramos, nos regocijamos en la Trinidad. Amén".

*Nota*
[1] Una radio cristiana de Inglaterra.

## ACERCA DE DAVID PAWSON

David es un orador y autor con una fidelidad intransigente a las Sagradas Escrituras, que trae claridad y un mensaje de urgencia a los cristianos para que descubran los tesoros ocultos en la Palabra de Dios.

Nació en Inglaterra en 1930, y comenzó su carrera con un título en Agricultura de la Universidad de Durham. Cuando Dios intervino y los llamó al ministerio, completó una maestría en Teología en la Universidad de Cambridge y sirvió como capellán en la Real Fuerza Aérea durante tres años. Pasó a pastorear varias iglesias, incluyendo Millmead Centre, en Guildford, que se convirtió en modelo para muchos líderes de iglesia del Reino Unido. En 1979 el Señor lo llevó a un ministerio internacional. Su actual ministerio itinerante está dirigido principalmente a líderes de iglesia. David y su esposa Enid viven actualmente en el condado de Hampshire, Inglaterra.

A lo largo de los años ha escrito una gran cantidad de libros, folletos y notas de lectura diarias. Sus extensas y muy accesibles reseñas de los libros de la Biblia han sido publicadas y grabadas en "*Unlocking the Bible*" (*Abramos la Biblia*). Se han distribuido millones de copias de sus enseñanzas en más de 120 países, proveyendo un sólido fundamento bíblico.

Es considerado como "el predicador occidental más influyente de China" a través de la transmisión de su exitosa serie "*Unlocking the Bible*" a cada provincia de China por Good TV. En el Reino Unido, las enseñanzas de David se transmiten habitualmente por Revelation TV.

Incontables creyentes de todo el mundo se han beneficiado también de su generosa decisión en 2011 de poner a disposición sin cargo su extensa biblioteca audiovisual de enseñanza en www.davidpawson.org. Hemos cargado también hace poco todos los videos de David a un canal dedicado en **www.youtube.com**

---

VEA EN YOUTUBE
www.youtube.com/user/DavidPawsonMinistry

# LA SERIE EXPLICANDO
**VERDADES BIBLICAS EXPLICADAS SENCILLAMENTE**

Si usted ha sido bendecido al leer, ver o escuchar este libro, hay más disponibles en la serie. Por favor regístrese y descargue más libritos visitando **www.explicandoverdadesbiblicas.com**

**Otros libritos en la serie *Explicando* incluirán:**
La historia asombrosa de Jesús
La unción y la llenura del Espíritu Santo
La resurrección: *El corazón del cristianismo*
El estudio de la Biblia
El bautismo del Nuevo Testamento
Cómo estudiar un libro de la Biblia: Judas
Los pasos fundamentales para llegar a ser un cristiano
Lo que la Biblia dice sobre el dinero
Lo que la Biblia dice sobre el trabajo
Gracia: ¿*Favor inmerecido, fuerza irresistible
o perdón incondicional?*
¿Eternamente seguros?
Tres textos que suelen tomarse fuera de contexto:
*Explicando la verdad y exponiendo el error*
LaTrinidad
La verdad sobre la Navidad

Tambien nos encontramos en proceso de preparar y subir estos libritos que puedan ser comprados como copia impresa de:

**www.amazon.co.uk** o **www.thebookdepository.com**

# ABRAMOS LA BIBLIA

Una reseña única del Antiguo y el Nuevo Testamento del internacionalmente aclamado orador y autor evangélico David Pawson. *Abramos la Biblia* abre la palabra de Dios de una forma fresca y poderosa. Pasando por alto los pequeños detalles de los estudios versículo por versículo, expone la historia épica de Dios y su pueblo en Israel. La cultura, el trasfondo histórico y las personas son presentados y aplicados al mundo moderno. Ocho volúmenes han sido reunidos en una guía compacta y fácil de usar que cubren el Antiguo y el Nuevo Testamento en una única edición gigante. El Antiguo Testamento: *Las instrucciones del fabricante* (Los cinco libros de la Ley), *Una tierra y un reino* (Josué, Jueces, Rut, 1-2 Samuel, 1-2 Reyes), *Poesías de adoración y sabiduría* (Salmos, Cantares, Proverbios, Eclesiastés), *Declinación y caída de un imperio* (Isaías, Jeremías y otros profetas), *La lucha por sobrevivir* (1-2 Crónicas y los profetas del exilio) – El Nuevo Testamento: *La bisagra de la historia* (Mateo, Marcos, Lucas, Juan y Hechos), *El decimotercer apóstol* (Pablo y sus cartas), *A la gloria por el sufrimiento* (Apocalipsis, Hebreos, las cartas de Santiago, Pedro y Judas).

## JESÚS LAS SIETE MARAVILLAS DE SU HISTORIA

Este libro es el resultado de toda una vida de contar "la más grande historia jamás contada" por todo el mundo. David la volvió a narrar a varios cientos de jóvenes en Kansas City, EE.UU., que escucharon con un entusiasmo desinhibido, "twiteando" por Internet acerca de este "simpático caballero inglés" mientras hablaba.

Tomando la parte central del Credo de los Apóstoles como marco, David explica los hechos fundamentales acerca de Jesús en los que está basada la fe cristiana de una forma fresca y estimulante. Tanto los cristianos viejos como nuevos de beneficiarán de este llamado a "volver a los fundamentos", y encontrarán que se vuelven a enamorar de su Señor.

# OTRAS ENSEÑANZAS
## POR DAVID PAWSON

Para el listado más actualizado de los libros de David ir a: **www.davidpawsonbooks.com**

Para comprar las enseñanzas de David ir a: **www.davidpawson.com**

www.ingramcontent.com/pod-product-compliance
Lightning Source LLC
Chambersburg PA
CBHW071038080526
44587CB00015B/2678